This Journal Belongs to:

Location: _____ Date: _____

Time: _____ Body of water: _____

Water temp: _____ Air temp: _____

Weather: ☀ ⛅ ☁ 🌧 ⛈ ❄
　　　　 ○ ○ ○ ○ ○ ○

Tide phase: _____ Moon phase: _____

Species	W/L/G	Time	Kept	Lure	Bail	Method

Number of fish caught: _____

Largest catch: _____

Weight: _____ Length: _____ Girth: _____

Notes: _____
_____
_____
_____

Location: _____ Date: _____
Time: _____ Body of water: _____
Water temp: _____ Air temp: _____

Weather : ☀ ⛅ ☁ 🌧 ⛈ ❄
         ○ ○ ○ ○ ○ ○

Tide phase: _____ Moon phase: _____

Species	W/L/G	Time	Kept	Lure	Bail	Method

Number of fish caught: _____

Largest catch: _____
Weight: _____ Length: _____ Girth: _____

Notes: _____
_____
_____
_____

Location: _____ Date: _____
Time: _____ Body of water:_____
Water temp: _____ Air temp: _____

Weather: ○ ○ ○ ○ ○ ○

Tide phase: _____ Moon phase: _____

Species	W/L/G	Time	Kept	Lure	Bail	Method

Number of fish caught: _____
_____ Largest catch: _____
Weight: _____ Length: _____ Girth: _____

Notes: _____
_____
_____

Location: _____ Date: _____

Time: _____ Body of water: _____

Water temp: _____ Air temp: _____

Weather: ☀ ⛅ ☁ 🌧 ⛈ ❄
○ ○ ○ ○ ○ ○

Tide phase: _____ Moon phase: _____

Species	W/L/G	Time	Kept	Lure	Bail	Method

Number of fish caught: _____

_____ **Largest catch:** _____

Weight: _____ Length: _____ Girth: _____

Notes: _____
_____
_____
_____

Location: _____ Date: _____

Time: _____ Body of water: _____

Water temp: _____ Air temp: _____

Weather: ☀️ 🌤️ ☁️ 🌧️ ⛈️ ❄️
         ○   ○   ○   ○   ○   ○

Tide phase: _____ Moon phase: _____

Species	W/L/G	Time	Kept	Lure	Bail	Method

Number of fish caught: _____

Largest catch: _____

Weight: _____ Length: _____ Girth: _____

Notes: _____
_____
_____
_____

Location: _____ Date: _____

Time: _____ Body of water: _____

Water temp: _____ Air temp: _____

Weather: ☀ ⛅ ☁ 🌧 ⛈ ❄
         ○ ○ ○ ○ ○ ○

Tide phase: _____ Moon phase: _____

Species	W/L/G	Time	Kept	Lure	Bail	Method

Number of fish caught: _____

Largest catch: _____

Weight: _____ Length: _____ Girth: _____

Notes: _____
_____
_____
_____

Location: _____ Date: _____

Time: _____ Body of water: _____

Water temp: _____ Air temp: _____

Weather: ☀ ⛅ ☁ 🌧 ⛈ ❄
         ○ ○ ○ ○ ○ ○

Tide phase: _____ Moon phase: _____

Species	W/L/G	Time	Kept	Lure	Bait	Method

Number of fish caught: _____

_____ **Largest catch:** _____

Weight: _____ Length: _____ Girth: _____

Notes: _____
_____
_____
_____

Location: _____ Date: _____

Time: _____ Body of water: _____

Water temp: _____ Air temp: _____

Weather: ☀ ⛅ ☁ 🌧 ⛈ ❄
○ ○ ○ ○ ○ ○

Tide phase: _____ Moon phase: _____

Species	W/L/G	Time	Kept	Lure	Bail	Method

Number of fish caught: _____

_____ Largest catch: _____

Weight: _____ Length: _____ Girth: _____

Notes: _____
_____
_____
_____

Location: _____ Date: _____
Time: _____ Body of water: _____
Water temp: _____ Air temp: _____

Weather: ☀ ⛅ ☁ 🌧 ⛈ ❄
○ ○ ○ ○ ○ ○

Tide phase: _____ Moon phase: _____

Species	W/L/G	Time	Kept	Lure	Bail	Method

Number of fish caught: _____
_____ **Largest catch:** _____
Weight: _____ Length: _____ Girth: _____

Notes: _____
_____
_____
_____

Location: _____ Date: _____

Time: _____ Body of water: _____

Water temp: _____ Air temp: _____

Weather: ☀ ⛅ ☁ 🌧 ⛈ ❄
○ ○ ○ ○ ○ ○

Tide phase: _____ Moon phase: _____

Species	W/L/G	Time	Kept	Lure	Bail	Method

Number of fish caught: _____

Largest catch: _____

Weight: _____ Length: _____ Girth: _____

Notes: _____
_____
_____
_____

Location: _____ Date: _____
Time: _____ Body of water: _____
Water temp: _____ Air temp: _____

Weather: ○ ○ ○ ○ ○ ○

Tide phase: _____ Moon phase: _____

Species	W/L/G	Time	Kept	Lure	Bail	Method

Number of fish caught: _____

Largest catch: _____
Weight: _____ Length: _____ Girth: _____

Notes: _____
_____
_____
_____

Location: _____ Date: _____

Time: _____ Body of water: _____

Water temp: _____ Air temp: _____

Weather: ☀ ⛅ ☁ 🌧 ⛈ ❄
○ ○ ○ ○ ○ ○

Tide phase: _____ Moon phase: _____

Species	W/L/G	Time	Kept	Lure	Bail	Method

Number of fish caught: _____

_____ **Largest catch:** _____

Weight: _____ Length: _____ Girth: _____

Notes: _____
_____
_____
_____

Location: _____ Date: _____

Time: _____ Body of water: _____

Water temp: _____ Air temp: _____

Weather : ☀ ○   ⛅ ○   ☁ ○   🌧 ○   ⛈ ○   ❄ ○

Tide phase: _____ Moon phase: _____

Species	W/L/G	Time	Kept	Lure	Bail	Method

Number of fish caught: _____

Largest catch: _____

Weight: _____ Length: _____ Girth: _____

Notes: _____
_____
_____
_____

Location: _____ Date: _____

Time: _____ Body of water: _____

Water temp: _____ Air temp: _____

Weather: ☀ ⛅ ☁ 🌧 ⛈ ❄
  ○   ○   ○   ○   ○   ○

Tide phase: _____ Moon phase: _____

Species	W/L/G	Time	Kept	Lure	Bail	Method

Number of fish caught: _____

Largest catch: _____

Weight: _____ Length: _____ Girth: _____

Notes: _____
_____
_____
_____

Location: _____ Date: _____
Time: _____ Body of water: _____
Water temp: _____ Air temp: _____

Weather: ☀ ⛅ ☁ 🌧 ⛈ ❄
○ ○ ○ ○ ○ ○

Tide phase: _____ Moon phase: _____

Species	W/L/G	Time	Kept	Lure	Bail	Method

Number of fish caught: _____
_____ Largest catch: _____
Weight: _____ Length: _____ Girth: _____

Notes: _____
_____
_____
_____

Location: _____ Date: _____

Time: _____ Body of water: _____

Water temp: _____ Air temp: _____

Weather : ☀ 🌤 ⛅ 🌧 ⛈ ❄
○ ○ ○ ○ ○ ○

Tide phase: _____ Moon phase: _____

Species	W/L/G	Time	Kept	Lure	Bail	Method

Number of fish caught: _____

_____ **Largest catch:** _____

Weight: _____ Length: _____ Girth: _____

Notes: _____
_____
_____
_____

Location: _____ Date: _____

Time: _____ Body of water: _____

Water temp: _____ Air temp: _____

Weather: ○ ○ ○ ○ ○ ○

Tide phase: _____ Moon phase: _____

Species	W/L/G	Time	Kept	Lure	Bail	Method

Number of fish caught: _____

Largest catch: _____

Weight: _____ Length: _____ Girth: _____

Notes: _____
_____
_____
_____

Location: _____ Date: _____

Time: _____ Body of water: _____

Water temp: _____ Air temp: _____

Weather: ○ ○ ○ ○ ○ ○

Tide phase: _____ Moon phase: _____

Species	W/L/G	Time	Kept	Lure	Bail	Method

Number of fish caught: _____

Largest catch: _____

Weight: _____ Length: _____ Girth: _____

Notes: _____
_____
_____
_____

Location: _____ Date: _____

Time: _____ Body of water: _____

Water temp: _____ Air temp: _____

Weather : ○ ○ ○ ○ ○ ○

Tide phase: _____ Moon phase: _____

Species	W/L/G	Time	Kept	Lure	Bail	Method

Number of fish caught: _____

Largest catch: _____

Weight: _____ Length: _____ Girth: _____

Notes: _____
_____
_____
_____

Location: _____ Date: _____
Time: _____ Body of water:_____
Water temp: _____ Air temp: _____

Weather : ☀ 🌤 ☁ 🌧 ⛈ ❄
           ○   ○   ○   ○   ○   ○

Tide phase: _____ Moon phase: _____

Species	W/L/G	Time	Kept	Lure	Bail	Method

Number of fish caught: _____

_____ **Largest catch:** _____
Weight: _____ Length: _____ Girth: _____

Notes: _____
_____
_____
_____

Location: _____ Date: _____

Time: _____ Body of water: _____

Water temp: _____ Air temp: _____

Weather: ☀ 🌤 ☁ 🌧 ⛈ ❄
○ ○ ○ ○ ○ ○

Tide phase: _____ Moon phase: _____

Species	W/L/G	Time	Kept	Lure	Bait	Method

Number of fish caught: _____

_____ **Largest catch:** _____

Weight: _____ Length: _____ Girth: _____

Notes: _____
_____
_____
_____

Location: _____ Date: _____
Time: _____ Body of water: _____
Water temp: _____ Air temp: _____

Weather: ☀ ⛅ ☁ 🌧 ⛈ ❄

Tide phase: _____ Moon phase: _____

Species	W/L/G	Time	Kept	Lure	Bail	Method

Number of fish caught: _____

Largest catch: _____

Weight: _____ Length: _____ Girth: _____

Notes: _____
_____
_____
_____

Location: _____ Date: _____
Time: _____ Body of water:_____
Water temp: _____ Air temp: _____

Weather: ☀ ⛅ ☁ 🌧 ⛈ ❄
          ○ ○ ○ ○ ○ ○

Tide phase: _____ Moon phase: _____

Species	W/L/G	Time	Kept	Lure	Bail	Method

Number of fish caught: _____

Largest catch: _____
Weight: _____ Length: _____ Girth: _____

Notes: _____
_____
_____

Location: _____ Date: _____
Time: _____ Body of water: _____
Water temp: _____ Air temp: _____

Weather : ☀ ⛅ ☁ 🌧 ⛈ ❄
          ○ ○ ○ ○ ○ ○

Tide phase: _____ Moon phase: _____

Species	W/L/G	Time	Kept	Lure	Bail	Method

Number of fish caught: _____
_____**Largest catch:** _____
Weight: _____ Length: _____ Girth: _____

Notes: _____
_____
_____
_____

Location: _____ Date: _____

Time: _____ Body of water: _____

Water temp: _____ Air temp: _____

Weather : ☀ ⛅ ☁ 🌧 ⛈ ❄
○ ○ ○ ○ ○ ○

Tide phase: _____ Moon phase: _____

Species	W/L/G	Time	Kept	Lure	Bail	Method

Number of fish caught: _____
_____ **Largest catch:** _____

Weight: _____ Length: _____ Girth: _____

Notes: _____
_____
_____
_____

Location: _____ Date: _____

Time: _____ Body of water: _____

Water temp: _____ Air temp: _____

Weather: ☀ 🌤 ☁ 🌧 ⛈ ❄
⭕ ⭕ ⭕ ⭕ ⭕ ⭕

Tide phase: _____ Moon phase: _____

Species	W/L/G	Time	Kept	Lure	Bail	Method

Number of fish caught: _____

Largest catch: _____

Weight: _____ Length: _____ Girth: _____

Notes: _____
_____
_____
_____

Location: _____ Date: _____

Time: _____ Body of water: _____

Water temp: _____ Air temp: _____

Weather:

Tide phase: _____ Moon phase: _____

Species	W/L/G	Time	Kept	Lure	Bail	Method

Number of fish caught: _____

Largest catch: _____

Weight: _____ Length: _____ Girth: _____

Notes: _____
_____
_____
_____

Location: _____ Date: _____

Time: _____ Body of water:_____

Water temp: _____ Air temp: _____

Weather: ☀️ 🌤️ ☁️ 🌧️ ⛈️ ❄️
          ◯   ◯   ◯   ◯   ◯   ◯

Tide phase: _____ Moon phase: _____

Species	W/L/G	Time	Kept	Lure	Bail	Method

Number of fish caught: _____

_____ **Largest catch:** _____

Weight: _____ Length: _____ Girth: _____

Notes: _____
_____
_____
_____

Location: _____ Date: _____

Time: _____ Body of water: _____

Water temp: _____ Air temp: _____

Weather: ○ ○ ○ ○ ○ ○

Tide phase: _____ Moon phase: _____

Species	W/L/G	Time	Kept	Lure	Bail	Method

Number of fish caught: _____

Largest catch: _____

Weight: _____ Length: _____ Girth: _____

Notes: _____
_____
_____
_____

Location: _____ Date: _____

Time: _____ Body of water:_____

Water temp: _____ Air temp: _____

Weather: ☀️ ⛅ ☁️ 🌧️ ⛈️ ❄️
         ○   ○   ○   ○   ○   ○

Tide phase: _____ Moon phase: _____

Species	W/L/G	Time	Kept	Lure	Bail	Method

Number of fish caught: _____

Largest catch: _____

Weight: _____ Length: _____ Girth: _____

Notes: _____
_____
_____
_____

Location: _____ Date: _____

Time: _____ Body of water:_____

Water temp: _____ Air temp: _____

Weather : ☀ ⛅ ☁ 🌧 ⛈ ❄
○ ○ ○ ○ ○ ○

Tide phase: _____ Moon phase: _____

Species	W/L/G	Time	Kept	Lure	Bail	Method

Number of fish caught: _____

Largest catch: _____

Weight: _____ Length: _____ Girth: _____

Notes: _____
_____
_____
_____

Location: _____ Date: _____

Time: _____ Body of water:_____

Water temp: _____ Air temp: _____

Weather: ○   ○   ○   ○   ○   ○

Tide phase: _____ Moon phase: _____

Species	W/L/G	Time	Kept	Lure	Bail	Method

Number of fish caught: _____

_____ Largest catch: _____

Weight: _____ Length: _____ Girth: _____

Notes: _____
_____
_____
_____

Location: _____ Date: _____
Time: _____ Body of water: _____
Water temp: _____ Air temp: _____

Weather: ☀ ⛅ ☁ 🌧 ⛈ ❄
○ ○ ○ ○ ○ ○

Tide phase: _____ Moon phase: _____

Species	W/L/G	Time	Kept	Lure	Bail	Method

Number of fish caught: _____

_____ **Largest catch:** _____
Weight: _____ Length: _____ Girth: _____

Notes: _____
_____
_____
_____

Location: _____ Date: _____
Time: _____ Body of water: _____
Water temp: _____ Air temp: _____

Weather: ○ ○ ○ ○ ○ ○

Tide phase: _____ Moon phase: _____

Species	W/L/G	Time	Kept	Lure	Bail	Method

Number of fish caught: _____

_____ **Largest catch:** _____

Weight: _____ Length: _____ Girth: _____

Notes: _____
_____
_____
_____

Location: _____ Date: _____

Time: _____ Body of water: _____

Water temp: _____ Air temp: _____

Weather: ☀ ⛅ ☁ 🌧 ⛈ ❄
         ○   ○   ○   ○   ○   ○

Tide phase: _____ Moon phase: _____

Species	W/L/G	Time	Kept	Lure	Bail	Method

Number of fish caught: _____

Largest catch: _____

Weight: _____ Length: _____ Girth: _____

Notes: _____
_____
_____

Location: _____ Date: _____

Time: _____ Body of water: _____

Water temp: _____ Air temp: _____

Weather : ○ ○ ○ ○ ○ ○

Tide phase: _____ Moon phase: _____

Species	W/L/G	Time	Kept	Lure	Bait	Method

Number of fish caught: _____

_____**Largest catch:** _____

Weight: _____ Length: _____ Girth: _____

Notes: _____
_____
_____
_____

Location: _____ Date: _____

Time: _____ Body of water: _____

Water temp: _____ Air temp: _____

Weather: ○ ○ ○ ○ ○ ○

Tide phase: _____ Moon phase: _____

Species	W/L/G	Time	Kept	Lure	Bail	Method

Number of fish caught: _____

Largest catch: _____

Weight: _____ Length: _____ Girth: _____

Notes: _____
_____
_____
_____

Location: _____ Date: _____

Time: _____ Body of water: _____

Water temp: _____ Air temp: _____

Weather: ○   ○   ○   ○   ○   ○

Tide phase: _____ Moon phase: _____

Species	W/L/G	Time	Kept	Lure	Bail	Method

Number of fish caught: _____

Largest catch: _____

Weight: _____ Length: _____ Girth: _____

Notes: _____
_____
_____
_____

Location: _____ Date: _____

Time: _____ Body of water: _____

Water temp: _____ Air temp: _____

Weather: ☀ ⛅ ☁ 🌧 ⛈ ❄
           ○ ○ ○ ○ ○ ○

Tide phase: _____ Moon phase: _____

Species	W/L/G	Time	Kept	Lure	Bail	Method

Number of fish caught: _____

_____ **Largest catch:** _____

Weight: _____ Length: _____ Girth: _____

Notes: _____
_____
_____
_____

Location: _____ Date: _____
Time: _____ Body of water:_____
Water temp: _____ Air temp: _____

Weather : ☀ ⛅ ☁ 🌧 ⛈ ❄
          ○ ○ ○ ○ ○ ○

Tide phase: _____ Moon phase: _____

Species	W/L/G	Time	Kept	Lure	Bail	Method

Number of fish caught: _____
_____ **Largest catch:** _____
Weight: _____ Length: _____ Girth: _____

Notes: _____
_____
_____
_____

Location: _____ Date: _____

Time: _____ Body of water: _____

Water temp: _____ Air temp: _____

Weather : ☀ ⛅ ☁ 🌧 ⛈ ❄
         ○ ○ ○ ○ ○ ○

Tide phase: _____ Moon phase: _____

Species	W/L/G	Time	Kept	Lure	Bail	Method

Number of fish caught: _____

Largest catch: _____

Weight: _____ Length: _____ Girth: _____

Notes: _____
_____
_____

Location: _____ Date: _____
Time: _____ Body of water:_____
Water temp: _____ Air temp: _____

Weather: ☀ 🌤 ☁ 🌧 ⛈ ❄
○   ○   ○   ○   ○   ○

Tide phase: _____ Moon phase: _____

Species	W/L/G	Time	Kept	Lure	Bail	Method

Number of fish caught: _____

Largest catch: _____

Weight: _____ Length: _____ Girth: _____

Notes: _____
_____
_____
_____

Location: _____ Date: _____
Time: _____ Body of water: _____
Water temp: _____ Air temp: _____

Weather: ☀ ⛅ ☁ 🌧 ⛈ ❄
         ○ ○ ○ ○ ○ ○

Tide phase: _____ Moon phase: _____

Species	W/L/G	Time	Kept	Lure	Bail	Method

Number of fish caught: _____

_____ **Largest catch:** _____
Weight: _____ Length: _____ Girth: _____

Notes: _____
_____
_____
_____

Location: _____ Date: _____

Time: _____ Body of water: _____

Water temp: _____ Air temp: _____

Weather: ☀️ 🌤️ ☁️ 🌧️ ⛈️ ❄️
○ ○ ○ ○ ○ ○

Tide phase: _____ Moon phase: _____

Species	W/L/G	Time	Kept	Lure	Bail	Method

Number of fish caught: _____

Largest catch: _____

Weight: _____ Length: _____ Girth: _____

Notes: _____
_____
_____
_____

Location: _____ Date: _____
Time: _____ Body of water: _____
Water temp: _____ Air temp: _____

Weather: ○ ○ ○ ○ ○ ○

Tide phase: _____ Moon phase: _____

Species	W/L/G	Time	Kept	Lure	Bail	Method

Number of fish caught: _____
_____ Largest catch: _____
Weight: _____ Length: _____ Girth: _____

Notes: _____
_____
_____
_____

Location: _____ Date: _____
Time: _____ Body of water: _____
Water temp: _____ Air temp: _____

Weather: ○   ○   ○   ○   ○   ○

Tide phase: _____ Moon phase: _____

Species	W/L/G	Time	Kept	Lure	Bail	Method

Number of fish caught: _____
_____ **Largest catch:** _____
Weight: _____ Length: _____ Girth: _____

Notes: _____
_____
_____
_____

Location: _____ Date: _____

Time: _____ Body of water:_____

Water temp: _____ Air temp: _____

Weather : ○   ○   ○   ○   ○   ○

Tide phase: _____ Moon phase: _____

Species	W/L/G	Time	Kept	Lure	Bail	Method

Number of fish caught: _____

Largest catch: _____

Weight: _____ Length: _____ Girth: _____

Notes: _____
_____
_____
_____

Location: _____ Date: _____

Time: _____ Body of water: _____

Water temp: _____ Air temp: _____

Weather: ☀ ⛅ ☁ 🌧 ⛈ ❄
         ○ ○ ○ ○ ○ ○

Tide phase: _____ Moon phase: _____

Species	W/L/G	Time	Kept	Lure	Bail	Method

Number of fish caught: _____

Largest catch: _____

Weight: _____ Length: _____ Girth: _____

Notes: _____
_____
_____
_____

Location: _____ Date: _____

Time: _____ Body of water:_____

Water temp: _____ Air temp: _____

Weather: ☀ ⛅ ☁ 🌧 ⛈ ❄
         ○ ○ ○ ○ ○ ○

Tide phase: _____ Moon phase: _____

Species	W/L/G	Time	Kept	Lure	Bail	Method

Number of fish caught: _____

_____**Largest catch:** _____

Weight: _____ Length: _____ Girth: _____

Notes: _____
_____
_____
_____

Location: _____ Date: _____

Time: _____ Body of water: _____

Water temp: _____ Air temp: _____

Weather: ○ ○ ○ ○ ○ ○

Tide phase: _____ Moon phase: _____

Species	W/L/G	Time	Kept	Lure	Bail	Method

Number of fish caught: _____

_____ **Largest catch:** _____

Weight: _____ Length: _____ Girth: _____

Notes: _____
_____
_____
_____

Location: _____ Date: _____
Time: _____ Body of water: _____
Water temp: _____ Air temp: _____

Weather : ☐ ☐ ☐ ☐ ☐ ☐

Tide phase: _____ Moon phase: _____

Species	W/L/G	Time	Kept	Lure	Bait	Method

Number of fish caught: _____

Largest catch:
Weight: _____ Length: _____ Girth: _____

Notes: _____
_____
_____
_____

Location: _____ Date: _____
Time: _____ Body of water: _____
Water temp: _____ Air temp: _____

Weather: ☀ ⛅ ☁ 🌧 ⛈ ❄
○ ○ ○ ○ ○ ○

Tide phase: _____ Moon phase: _____

Species	W/L/G	Time	Kept	Lure	Bail	Method

Number of fish caught: _____

_____ **Largest catch:** _____
Weight: _____ Length: _____ Girth: _____

Notes: _____
_____
_____
_____

Location: _____ Date: _____

Time: _____ Body of water: _____

Water temp: _____ Air temp: _____

Weather: ○ ○ ○ ○ ○ ○

Tide phase: _____ Moon phase: _____

Species	W/L/G	Time	Kept	Lure	Bail	Method

Number of fish caught: _____

_____ **Largest catch:** _____

Weight: _____ Length: _____ Girth: _____

Notes: _____
_____
_____
_____

Location: _____ Date: _____
Time: _____ Body of water: _____
Water temp: _____ Air temp: _____

Weather: ☀ ⛅ ☁ 🌧 ⛈ ❄
○ ○ ○ ○ ○ ○

Tide phase: _____ Moon phase: _____

Species	W/L/G	Time	Kept	Lure	Bail	Method

Number of fish caught: _____

_____ **Largest catch:** _____
Weight: _____ Length: _____ Girth: _____

Notes: _____
_____
_____
_____

Location: _____ Date: _____

Time: _____ Body of water: _____

Water temp: _____ Air temp: _____

Weather: ☀ ⛅ ☁ 🌧 ⛈ ❄
 ○ ○ ○ ○ ○ ○

Tide phase: _____ Moon phase: _____

Species	W/L/G	Time	Kept	Lure	Bail	Method

Number of fish caught: _____

_____**Largest catch:** _____

Weight: _____ Length: _____ Girth: _____

Notes: _____
_____
_____
_____

Location: _____ Date: _____

Time: _____ Body of water:_____

Water temp: _____ Air temp: _____

Weather : ☀ ⛅ ☁ 🌧 ⛈ ❄
         ○ ○ ○ ○ ○ ○

Tide phase: _____ Moon phase: _____

Species	W/L/G	Time	Kept	Lure	Bail	Method

Number of fish caught: _____

Largest catch: _____

Weight: _____ Length: _____ Girth: _____

Notes: _____
_____
_____
_____

Location: _____ Date: _____

Time: _____ Body of water: _____

Water temp: _____ Air temp: _____

Weather: ○ ○ ○ ○ ○ ○

Tide phase: _____ Moon phase: _____

Species	W/L/G	Time	Kept	Lure	Bail	Method

Number of fish caught: _____

Largest catch: _____

Weight: _____ Length: _____ Girth: _____

Notes: _____
_____
_____
_____

Location: _____ Date: _____
Time: _____ Body of water: _____
Water temp: _____ Air temp: _____

Weather: ☀ 🌤 ☁ 🌧 ⛈ ❄
         ○ ○ ○ ○ ○ ○

Tide phase: _____ Moon phase: _____

Species	W/L/G	Time	Kept	Lure	Bail	Method

Number of fish caught: _____

Largest catch: _____

Weight: _____ Length: _____ Girth: _____

Notes: _____
_____
_____
_____

Location: _____ Date: _____

Time: _____ Body of water: _____

Water temp: _____ Air temp: _____

Weather: ◯ ◯ ◯ ◯ ◯ ◯

Tide phase: _____ Moon phase: _____

Species	W/L/G	Time	Kept	Lure	Bail	Method

Number of fish caught: _____

Largest catch: _____

Weight: _____ Length: _____ Girth: _____

Notes: _____
_____
_____
_____

Location: _____ Date: _____
Time: _____ Body of water: _____
Water temp: _____ Air temp: _____

Weather : ☀ ⛅ ☁ 🌧 ⛈ ❄
          ○ ○ ○ ○ ○ ○

Tide phase: _____ Moon phase: _____

Species	W/L/G	Time	Kept	Lure	Bail	Method

Number of fish caught: _____

_____**Largest catch:** _____
Weight: _____ Length: _____ Girth: _____

Notes: _____
_____
_____
_____

Location: _____ Date: _____
Time: _____ Body of water: _____
Water temp: _____ Air temp: _____

Weather: ☀ ⛅ ☁ 🌧 ⛈ ❄
○ ○ ○ ○ ○ ○

Tide phase: _____ Moon phase: _____

Species	W/L/G	Time	Kept	Lure	Bail	Method

Number of fish caught: _____

Largest catch: _____

Weight: _____ Length: _____ Girth: _____

Notes: _____
_____
_____
_____

Location: _____ Date: _____

Time: _____ Body of water: _____

Water temp: _____ Air temp: _____

Weather: ☀ ⛅ ☁ 🌧 ⛈ ❄
 ○ ○ ○ ○ ○ ○

Tide phase: _____ Moon phase: _____

Species	W/L/G	Time	Kept	Lure	Bail	Method

Number of fish caught: _____

Largest catch: _____

Weight: _____ Length: _____ Girth: _____

Notes: _____
_____
_____
_____

Location: _____ Date: _____

Time: _____ Body of water: _____

Water temp: _____ Air temp: _____

Weather: ☀ ⛅ ☁ 🌧 ⛈ ❄
         ○ ○ ○ ○ ○ ○

Tide phase: _____ Moon phase: _____

Species	W/L/G	Time	Kept	Lure	Bail	Method

Number of fish caught: _____

_____ Largest catch: _____

Weight: _____ Length: _____ Girth: _____

Notes: _____
_____
_____
_____

Location: _____ Date: _____

Time: _____ Body of water: _____

Water temp: _____ Air temp: _____

Weather: ○ ○ ○ ○ ○ ○

Tide phase: _____ Moon phase: _____

Species	W/L/G	Time	Kept	Lure	Bail	Method

Number of fish caught: _____

_____ **Largest catch:** _____

Weight: _____ Length: _____ Girth: _____

Notes: _____
_____
_____
_____

Location: _____ Date: _____
Time: _____ Body of water:_____
Water temp: _____ Air temp: _____

Weather : ☀ ⛅ ☁ 🌧 ⛈ ❄
 ○ ○ ○ ○ ○ ○

Tide phase: _____ Moon phase: _____

Species	W/L/G	Time	Kept	Lure	Bail	Method

Number of fish caught: _____

Largest catch: _____
Weight: _____ Length: _____ Girth: _____

Notes: _____
_____
_____
_____

Location: _____ Date: _____

Time: _____ Body of water:_____

Water temp: _____ Air temp: _____

Weather: ○ ○ ○ ○ ○ ○

Tide phase: _____ Moon phase: _____

Species	W/L/G	Time	Kept	Lure	Bail	Method

Number of fish caught: _____

_____ **Largest catch:** _____

Weight: _____ Length: _____ Girth: _____

Notes: _____
_____
_____
_____

Location: _____ Date: _____

Time: _____ Body of water: _____

Water temp: _____ Air temp: _____

Weather: ☀️ ⛅ ☁️ 🌧️ ⛈️ ❄️
○ ○ ○ ○ ○ ○

Tide phase: _____ Moon phase: _____

Species	W/L/G	Time	Kept	Lure	Bail	Method

Number of fish caught: _____

Largest catch: _____

Weight: _____ Length: _____ Girth: _____

Notes: _____
_____
_____
_____

Location: _____ Date: _____

Time: _____ Body of water: _____

Water temp: _____ Air temp: _____

Weather: ○   ○   ○   ○   ○   ○

Tide phase: _____ Moon phase: _____

Species	W/L/G	Time	Kept	Lure	Bail	Method

Number of fish caught: _____

_____ **Largest catch:** _____

Weight: _____ Length: _____ Girth: _____

Notes: _____
_____
_____
_____

Location: _____ Date: _____
Time: _____ Body of water: _____
Water temp: _____ Air temp: _____

Weather: ☀ ⛅ ☁ 🌧 ⛈ ❄
         ○ ○ ○ ○ ○ ○

Tide phase: _____ Moon phase: _____

Species	W/L/G	Time	Kept	Lure	Bail	Method

Number of fish caught: _____

Largest catch: _____

Weight: _____ Length: _____ Girth: _____

Notes: _____
_____
_____
_____

Location: _____ Date: _____
Time: _____ Body of water: _____
Water temp: _____ Air temp: _____

Weather: ☀️ 🌤️ ☁️ 🌧️ ⛈️ ❄️
○ ○ ○ ○ ○ ○

Tide phase: _____ Moon phase: _____

Species	W/L/G	Time	Kept	Lure	Bail	Method

Number of fish caught: _____

Largest catch: _____
Weight: _____ Length: _____ Girth: _____

Notes: _____
_____
_____
_____

Location: _____ Date: _____

Time: _____ Body of water:_____

Water temp: _____ Air temp: _____

Weather: ○ ○ ○ ○ ○ ○

Tide phase: _____ Moon phase: _____

Species	W/L/G	Time	Kept	Lure	Bail	Method

Number of fish caught: _____

_____ **Largest catch:** _____

Weight: _____ Length: _____ Girth: _____

Notes: _____
_____
_____
_____

Location: _____ Date: _____

Time: _____ Body of water: _____

Water temp: _____ Air temp: _____

Weather: ☀ 🌤 ☁ 🌧 ⛈ ❄
○   ○   ○   ○   ○   ○

Tide phase: _____ Moon phase: _____

Species	W/L/G	Time	Kept	Lure	Bail	Method

Number of fish caught: _____

Largest catch: _____

Weight: _____ Length: _____ Girth: _____

Notes: _____
_____
_____
_____

Location: _____ Date: _____

Time: _____ Body of water: _____

Water temp: _____ Air temp: _____

Weather: ○   ○   ○   ○   ○   ○

Tide phase: _____ Moon phase: _____

Species	W/L/G	Time	Kept	Lure	Bail	Method

Number of fish caught: _____

_____ Largest catch: _____

Weight: _____ Length: _____ Girth: _____

Notes: _____
_____
_____
_____

Location: _____ Date: _____
Time: _____ Body of water: _____
Water temp: _____ Air temp: _____

Weather : ☀ ⛅ ☁ 🌧 ⛈ ❄
         ○   ○   ○   ○   ○   ○

Tide phase: _____ Moon phase: _____

Species	W/L/G	Time	Kept	Lure	Bail	Method

Number of fish caught: _____

Largest catch: _____

Weight: _____ Length: _____ Girth: _____

Notes: _____
_____
_____
_____

Location: _____ Date: _____

Time: _____ Body of water: _____

Water temp: _____ Air temp: _____

Weather : ○ ○ ○ ○ ○ ○

Tide phase: _____ Moon phase: _____

Species	W/L/G	Time	Kept	Lure	Bait	Method

Number of fish caught: _____

Largest catch: _____

Weight: _____ Length: _____ Girth: _____

Notes: _____
_____
_____
_____

Location: _____ Date: _____
Time: _____ Body of water: _____
Water temp: _____ Air temp: _____

Weather: ☀ ⛅ ☁ 🌧 ⛈ ❄
         ○ ○ ○ ○ ○ ○

Tide phase: _____ Moon phase: _____

Species	W/L/G	Time	Kept	Lure	Bail	Method

Number of fish caught: _____

Largest catch: _____
Weight: _____ Length: _____ Girth: _____

Notes: _____
_____
_____
_____

Location: _____ Date: _____

Time: _____ Body of water: _____

Water temp: _____ Air temp: _____

Weather: ☀ ⛅ ☁ 🌧 ⛈ ❄
○   ○   ○   ○   ○   ○

Tide phase: _____ Moon phase: _____

Species	W/L/G	Time	Kept	Lure	Bail	Method

Number of fish caught: _____

Largest catch: _____

Weight: _____ Length: _____ Girth: _____

Notes: _____
_____
_____
_____

Location: _____ Date: _____
Time: _____ Body of water:_____
Water temp: _____ Air temp: _____

Weather: ☀ ⛅ ☁ 🌧 ⛈ ❄
         ○ ○ ○ ○ ○ ○

Tide phase: _____ Moon phase: _____

Species	W/L/G	Time	Kept	Lure	Bail	Method

Number of fish caught: _____

Largest catch: _____
Weight: _____ Length: _____ Girth: _____

Notes: _____
_____
_____
_____

Location: _____ Date: _____

Time: _____ Body of water: _____

Water temp: _____ Air temp: _____

Weather: ☀ ⛅ ☁ 🌧 ⛈ ❄
         ○ ○ ○ ○ ○ ○

Tide phase: _____ Moon phase: _____

Species	W/L/G	Time	Kept	Lure	Bail	Method

Number of fish caught: _____

Largest catch: _____

Weight: _____ Length: _____ Girth: _____

Notes: _____
_____
_____
_____

Location: _____ Date: _____

Time: _____ Body of water: _____

Water temp: _____ Air temp: _____

Weather : ☀ ⛅ ☁ 🌧 ⛈ ❄
　　　　　○　○　○　○　○　○

Tide phase: _____ Moon phase: _____

Species	W/L/G	Time	Kept	Lure	Bail	Method

Number of fish caught: _____

Largest catch:

Weight: _____ Length: _____ Girth: _____

Notes: _____
_____
_____
_____

Location: _____ Date: _____
Time: _____ Body of water:_____
Water temp: _____ Air temp: _____

Weather: ☀️ 🌤️ ☁️ 🌧️ ⛈️ ❄️
         ○   ○   ○   ○   ○   ○

Tide phase: _____ Moon phase: _____

Species	W/L/G	Time	Kept	Lure	Bail	Method

Number of fish caught: _____

_____**Largest catch:** _____

Weight: _____ Length: _____ Girth: _____

Notes: _____
_____
_____
_____

Location: _____ Date: _____
Time: _____ Body of water: _____
Water temp: _____ Air temp: _____

Weather: ○ ○ ○ ○ ○ ○

Tide phase: _____ Moon phase: _____

Species	W/L/G	Time	Kept	Lure	Bail	Method

Number of fish caught: _____

Largest catch: _____

Weight: _____ Length: _____ Girth: _____

Notes: _____
_____
_____
_____

Location: _____ Date: _____

Time: _____ Body of water: _____

Water temp: _____ Air temp: _____

Weather: ○ ○ ○ ○ ○ ○

Tide phase: _____ Moon phase: _____

Species	W/L/G	Time	Kept	Lure	Bail	Method

Number of fish caught: _____

Largest catch: _____

Weight: _____ Length: _____ Girth: _____

Notes: _____
_____
_____
_____

Location: _____ Date: _____
Time: _____ Body of water:_____
Water temp: _____ Air temp: _____

Weather : ○ ○ ○ ○ ○ ○

Tide phase: _____ Moon phase: _____

Species	W/L/G	Time	Kept	Lure	Bail	Method

Number of fish caught: _____

Largest catch: _____

Weight: _____ Length: _____ Girth: _____

Notes: _____
_____
_____
_____

Location: _____ Date: _____

Time: _____ Body of water: _____

Water temp: _____ Air temp: _____

Weather: ☀ ⛅ ☁ 🌧 ⛈ ❄
        ○ ○ ○ ○ ○ ○

Tide phase: _____ Moon phase: _____

Species	W/L/G	Time	Kept	Lure	Bail	Method

Number of fish caught: _____

Largest catch: _____

Weight: _____ Length: _____ Girth: _____

Notes: _____
_____
_____
_____

Location: _____ Date: _____

Time: _____ Body of water: _____

Water temp: _____ Air temp: _____

Weather : ☀ ⛅ ☁ 🌧 ⛈ ❄
          ○ ○ ○ ○ ○ ○

Tide phase: _____ Moon phase: _____

Species	W/L/G	Time	Kept	Lure	Bail	Method

Number of fish caught: _____

Largest catch: _____

Weight: _____ Length: _____ Girth: _____

Notes: _____
_____
_____
_____

Location: _____ Date: _____
Time: _____ Body of water: _____
Water temp: _____ Air temp: _____

Weather: ☀ 🌤 ☁ 🌧 ⛈ ❄
○ ○ ○ ○ ○ ○

Tide phase: _____ Moon phase: _____

Species	W/L/G	Time	Kept	Lure	Bail	Method

Number of fish caught: _____
_____ **Largest catch:** _____
Weight: _____ Length: _____ Girth: _____

Notes: _____
_____
_____
_____

Location: _____ Date: _____

Time: _____ Body of water: _____

Water temp: _____ Air temp: _____

Weather: ☀ ⛅ ☁ 🌧 ⛈ ❄
          ○   ○   ○   ○   ○   ○

Tide phase: _____ Moon phase: _____

Species	W/L/G	Time	Kept	Lure	Bail	Method

Number of fish caught: _____

Largest catch: _____

Weight: _____ Length: _____ Girth: _____

Notes: _____
_____
_____
_____

Location: _____ Date: _____

Time: _____ Body of water: _____

Water temp: _____ Air temp: _____

Weather: ☀ ⛅ ☁ 🌧 ⛈ ❄
○ ○ ○ ○ ○ ○

Tide phase: _____ Moon phase: _____

Species	W/L/G	Time	Kept	Lure	Bail	Method

Number of fish caught: _____

Largest catch: _____

Weight: _____ Length: _____ Girth: _____

Notes: _____
_____
_____
_____

Location: _____ Date: _____
Time: _____ Body of water: _____
Water temp: _____ Air temp: _____

Weather: ☀ ⛅ ☁ 🌧 ⛈ ❄
         ○   ○   ○   ○   ○   ○

Tide phase: _____ Moon phase: _____

Species	W/L/G	Time	Kept	Lure	Bail	Method

Number of fish caught: _____

_____ **Largest catch:** _____
Weight: _____ Length: _____ Girth: _____

Notes: _____
_____
_____
_____

Location: _____ Date: _____

Time: _____ Body of water: _____

Water temp: _____ Air temp: _____

Weather: ☀ ⛅ ☁ 🌧 ⛈ ❄
         ○ ○ ○ ○ ○ ○

Tide phase: _____ Moon phase: _____

Species	W/L/G	Time	Kept	Lure	Bail	Method

Number of fish caught: _____

_____**Largest catch:** _____

Weight: _____ Length: _____ Girth: _____

Notes: _____
_____
_____
_____

Location: _____ Date: _____

Time: _____ Body of water: _____

Water temp: _____ Air temp: _____

Weather: ☀ 🌤 ☁ 🌧 ⛈ ❄
         ○ ○ ○ ○ ○ ○

Tide phase: _____ Moon phase: _____

Species	W/L/G	Time	Kept	Lure	Bail	Method

Number of fish caught: _____

_____ **Largest catch:** _____

Weight: _____ Length: _____ Girth: _____

Notes: _____
_____
_____
_____

Location: _____ Date: _____

Time: _____ Body of water: _____

Water temp: _____ Air temp: _____

Weather: ☀️ ⛅ ☁️ 🌧️ ⛈️ ❄️
⭕ ⭕ ⭕ ⭕ ⭕ ⭕

Tide phase: _____ Moon phase: _____

Species	W/L/G	Time	Kept	Lure	Bail	Method

Number of fish caught: _____

Largest catch: _____

Weight: _____ Length: _____ Girth: _____

Notes: _____
_____
_____
_____

Location: _____ Date: _____

Time: _____ Body of water:_____

Water temp: _____ Air temp: _____

Weather : ◯   ◯   ◯   ◯   ◯   ◯

Tide phase: _____ Moon phase: _____

Species	W/L/G	Time	Kept	Lure	Bail	Method

Number of fish caught: _____

Largest catch: _____

Weight: _____ Length: _____ Girth: _____

Notes: _____
_____
_____
_____

Location: _____ Date: _____

Time: _____ Body of water: _____

Water temp: _____ Air temp: _____

Weather: ○ ○ ○ ○ ○ ○

Tide phase: _____ Moon phase: _____

Species	W/L/G	Time	Kept	Lure	Bail	Method

Number of fish caught: _____

_____**Largest catch:** _____

Weight: _____ Length: _____ Girth: _____

Notes: _____
_____
_____
_____

Location: _____ Date: _____
Time: _____ Body of water:_____
Water temp: _____ Air temp: _____

Weather: ○ ○ ○ ○ ○ ○

Tide phase: _____ Moon phase: _____

Species	W/L/G	Time	Kept	Lure	Bail	Method

Number of fish caught: _____
_____ **Largest catch:** _____
Weight: _____ Length: _____ Girth: _____

Notes: _____
_____
_____
_____

Location: _____ Date: _____

Time: _____ Body of water: _____

Water temp: _____ Air temp: _____

Weather: ☀️ ⛅ ☁️ 🌧️ ⛈️ ❄️
○ ○ ○ ○ ○ ○

Tide phase: _____ Moon phase: _____

Species	W/L/G	Time	Kept	Lure	Bail	Method

Number of fish caught: _____

Largest catch: _____

Weight: _____ Length: _____ Girth: _____

Notes: _____
_____
_____
_____

Location: _____ Date: _____

Time: _____ Body of water: _____

Water temp: _____ Air temp: _____

Weather: ○ ○ ○ ○ ○ ○

Tide phase: _____ Moon phase: _____

Species	W/L/G	Time	Kept	Lure	Bail	Method

Number of fish caught: _____

_____ **Largest catch:** _____

Weight: _____ Length: _____ Girth: _____

Notes: _____
_____
_____
_____

Location: _____ Date: _____

Time: _____ Body of water: _____

Water temp: _____ Air temp: _____

Weather: ☀ ⛅ ☁ 🌧 ⛈ ❄
         ○ ○ ○ ○ ○ ○

Tide phase: _____ Moon phase: _____

Species	W/L/G	Time	Kept	Lure	Bail	Method

Number of fish caught: _____

_____ Largest catch: _____

Weight: _____ Length: _____ Girth: _____

Notes: _____
_____
_____
_____

Printed in Great Britain
by Amazon